Bautismo y membresía en la iglesia (para la vida diaria)

por Bill James

Una revisión de la obra original de Erroll Hulse

Reformation Today Trust

Grace
Publications

GRACE PUBLICATIONS TRUST
62 Bride Street
London N7 8AZ
www.gracepublications.co.uk

Publicado por primera vez en el Reino Unido por by Reformation
Today Trust 2006, Segunda edición 2010. Esta edición actualizada 2024.

Catálogo de los recursos más recientes disponibles en la British
Libraryy.

Diseño de portada por Pete Barnsley (CreativeHoot.com)

ISBN Libro en rústica: 978-1-912154-94-4
       Libro electrónico: 978-1-912154-96-8

También disponible en Inglés:
ISBN Libro en rústica: 978-1-912154-93-7
       Libro electrónico: 978-1-912154-95-1

Bautismo y membresía en la iglesia

por Bill James

Contents

INTRODUCCIÓN

Se dice que una imagen vale más que mil palabras, y por ello el Señor nos ha provisto del bautismo como demostración de la nueva vida en Cristo. Es aquí donde el creyente testifica de la obra salvífica de Dios.

Los hay que minimizan la importancia del bautismo. Quizás no quieren entrar en conflicto con aquellos que opinan diferente respecto a este mandato. A esto se suma que los rituales religiosos no cuajan en nuestra sociedad moderna. Los hay que creen que es suficiente con dar a conocer nuestra conversión para hacer profesión de nuestra fe. Sin embargo, el bautismo es el método ordenado por nuestro Señor Jesucristo.

Sabemos que ni el bautismo ni ninguna de nuestras buenas obras u obediencia alguna merecen el favor de Dios, sino solo por gracia a través de la obra del Señor Jesús. Siendo así, el foco del bautismo no está en nosotros sino en lo que Dios ha hecho. Al sumergirnos en el agua recordamos que el Señor Jesús murió en la cruz en nuestro lugar, poniendo fin a nuestra vieja vida de esclavitud al pecado y a uno mismo. Estamos enterrados con él. El resurgir del agua habla de la resurrección de nuestro Señor Jesús para darnos una nueva vida en servicio a Dios; tanto en esta vida como en la siguiente.

Al salir del agua podemos visualizar nuestros pecados ya lavados. Así como externamente nos sumergimos en agua, interiormente en Cristo estamos bautizados en el Espíritu Santo.

El bautismo es la señal de Dios del nuevo pacto con su pueblo, uno en el que somos adoptados como hijos de nuestro Padre celestial y nos da la bienvenida a su familia: la iglesia.

De la misma forma que algunos descuidan el mandato del bautismo, muchos no están comprometidos a una iglesia local. Quizás lo sustituyen por una organización misionera o amigos creyentes. Puede que alguna vez visiten una iglesia. ¿Es que nos hemos olvidado de la gloria de la iglesia? La iglesia es el propósito más importante de Dios con el mundo:

"Cristo es la piedra viva, desechada por los seres humanos, pero escogida y preciosa ante Dios. Al acercarse a él, también ustedes son como piedras vivas, con las cuales se está edificando una casa espiritual. De este modo llegan a ser un sacerdocio santo, para ofrecer sacrificios espirituales que Dios acepta por medio de Jesucristo" (1 Pe 2:4-5).

"Por lo tanto, ustedes ya no son extraños ni extranjeros, sino conciudadanos del pueblo elegido y miembros de la familia de Dios, edificados sobre el fundamento de los apóstoles y los profetas, siendo Cristo Jesús mismo la piedra angular. En él todo el edificio, bien armado, se va levantando para llegar a ser un templo santo en el Señor. En él también ustedes son edificados juntamente para ser morada de Dios por su Espíritu" (Ef 2:19-22).

El Señor Jesús prometió edificar su iglesia, y lo hace a través de iglesias locales que operan en línea con su Palabra. Es en la iglesia donde nuestra fe y servicio crecen y ayudamos a otros. Es en la iglesia donde adoramos todos juntos a Dios, anticipándonos al gran día cuando todos los redimidos estaremos ante el Señor.

Es mi esperanza y mi oración que este folleto nos anime a obedecer al Señor y así traer bendición a su pueblo y ofrecer un poderoso testimonio al mundo.

BAUTISMO

¿Por Qué Debería Bautizarme?

Todos los cristianos estamos ordenados a bautizarnos. Este es el primer acto de obediencia que Dios nos ordena. Cuando Pedro predicó en el día de Pentecostés, ordenó a la gente a arrepentirse, creer en Cristo y ser bautizado: "Arrepiéntase y bautícese cada uno de ustedes en el nombre de Jesucristo para perdón de sus pecados" (Hch 2:38).

Podemos ver repetidamente en el libro de los Hechos que aquellos que creían se bautizaban. Esto es lo que se esperaba de ellos:

> "Pero cuando creyeron a Felipe, quien anunciaba las buenas noticias del reino de Dios y el nombre de Jesucristo, tanto hombres como mujeres se bautizaron" (Hch 8:12).

"Al instante cayó de los ojos de Saulo algo como escamas y recobró la vista. Se levantó y fue bautizado" (Hch 9:18).

"Crispo, el jefe de la sinagoga, creyó en el Señor con toda su familia. También creyeron y fueron bautizados muchos de los corintios que oyeron a Pablo" (Hch 18:8).

Pablo, en sus cartas a las iglesias, asume que todos los creyentes están bautizados:

"Todos ustedes son hijos de Dios mediante la fe en Cristo Jesús, porque todos los que han sido bautizados en Cristo se han revestido de Cristo" (Gal 3:26-27).

"¿Acaso no saben ustedes que todos los que fuimos bautizados para unirnos con Cristo Jesús en realidad fuimos bautizados para participar en su muerte? Por tanto, mediante el bautismo fuimos sepultados con él en su muerte. De modo que, así como Cristo resucitó por el glorioso poder del Padre, también nosotros andemos en una vida nueva" (Ro 6:3-4).

"Además, en él fueron circuncidados, no por mano humana, sino con la circuncisión que consiste en despojarse del cuerpo pecaminoso. Esta circuncisión la efectuó Cristo. Ustedes la recibieron al ser sepultados con él en el bautismo. En él también fueron resucitados mediante la fe en el poder de Dios, quien lo resucitó de entre los muertos" (Col 2:11-12).

No solo los discípulos deben bautizarse sino que la iglesia debe bautizarlos. Es interesante que la Gran Comisión que Jesús manda a los apóstoles incluye el bautismo como parte vital de la misión:

> "Por tanto, vayan y hagan discípulos de todas las naciones, bautizándolos en el nombre del Padre y del Hijo y del Espíritu Santo, enseñándoles a obedecer todo lo que les he mandado a ustedes. Y les aseguro que estaré con ustedes siempre, hasta el fin del mundo" (Mt 28:19-20).

El bautismo ni salva ni nos acredita ante Dios, el único camino a la salvación es a través de la fe en Jesucristo. El apóstol Pablo nos recuerda el ejemplo de los israelitas en el desierto después del Éxodo: "... estuvieron todos bajo la nube y que todos atravesaron el mar. Todos ellos fueron bautizados en la nube y en el mar para unirse a Moisés. Sin embargo, la mayoría de ellos no agradaron a Dios y sus cuerpos quedaron tendidos en el desierto" (1 Co 10:1-2, 5).

No obstante, aunque sabemos que las buenas obras y las ceremonias religiosas no tienen poder para salvar, estamos comprometidos a amar y servir al Señor Jesucristo en todas las áreas de la vida. Es posible, como en el caso del ladrón crucificado, entrar en la gloria sin ser bautizado. Pero al contrario que este ladrón, todos tenemos la oportunidad de hacer la voluntad del Señor y ser bautizados. Así que debemos empezar con el primer paso de obediencia.

Quizás has sido cristiano durante algún tiempo y dices que es muy tarde para ti y deberías haberte bautizado al convertirte, pero esa oportunidad ya pasó. Sin embargo, obediencia tardía es mejor que desobediencia. Si entendemos lo que hemos de hacer, debemos someternos a la voluntad del Señor.

¿Quién Debería Bautizarse?

El bautismo es solo para aquellos que se arrepienten y creen en el Señor Jesucristo. No hay ejemplo alguno en la Biblia de bautismo a niños.

Aquellos Que Se Arrepienten

Mira de nuevo las palabras de Pedro en pentecostés: "Arrepiéntase y bautícese cada uno de ustedes en el nombre de Jesucristo para perdón de sus pecados" (Hch 2:38).

¿Qué significa arrepentirse? Literalmente significa cambiar de mentalidad, cambiar de dirección cuando piensas y cuando actúas. El cambio más grande de un cristiano es el que hay hacia Jesucristo. Antes de nuestra conversión tal vez le veíamos como a un buen hombre; quizás incluso le despreciábamos. Algunos a los que Pedro predicaba podrían haber estado involucrados en la crucifixión de Jesús, mas debían reconocer que él es Señor y Dios; esto es lo que significa convertirse a Cristo.

Nuestras vidas dan un giro radical. En vez de servirnos a nosotros mismos o seguir los caminos del mundo, servimos al Señor Jesucristo. Nuestra vieja vida de rebeldía contra Dios ha muerto. Nuestro bautismo es como un funeral: nuestro viejo ser está muerto y abandonado. No obstante, no es solo un funeral sino también una resurreccion. Nuestra nueva vida en Cristo ha comenzado y seguirá en esta vida y en la resurrección para vida eterna. Entregamos cada área de nuestra vida a su servicio: nuestro trabajo, casa, iglesia e incluso nuestros pensamientos y planes. Nuestra ambición es vivir enteramente para su gloria, y el bautismo es evidencia de ello:

> "Por tanto, mediante el bautismo fuimos sepultados con él en su muerte. De modo que, así como Cristo resucitó por el glorioso poder del Padre, también nosotros andemos en una vida nueva. En efecto, si hemos estado unidos con él en una muerte como la suya, sin duda también estaremos unidos con él en su resurrección. Sabemos que nuestra vieja naturaleza fue crucificada con él para que nuestro cuerpo pecaminoso perdiera su poder, de modo que ya no siguiéramos siendo esclavos del pecado" (Ro 6:4-6).

El Señor Jesús ordenó que solo aquellos que son sus discípulos deben bautizarse: "Por tanto, vayan y hagan discípulos de todas las naciones, bautizándolos en el nombre del Padre y del Hijo y del Espíritu Santo" (Mt 28:19).

Aquellos Que Creen

Otros textos dicen que el bautismo es para aquellos que creen en Jesucristo:

> "Pero cuando creyeron a Felipe, quien anunciaba las buenas noticias del reino de Dios y el nombre de Jesucristo, tanto hombres como mujeres se bautizaron" (Hch 8:12).

> "Una de ellas, que se llamaba Lidia, adoraba a Dios. Era de la ciudad de Tiatira y vendía telas de color púrpura. Mientras escuchaba, el Señor le abrió el corazón para que respondiera al mensaje de Pablo. Cuando fue bautizada con su familia, nos hizo la siguiente invitación: «Si ustedes me consideran creyente en el Señor, vengan a hospedarse en mi casa». Y nos persuadió" (Hch 16:14-15).

> "Crispo, el jefe de la sinagoga, creyó en el Señor con toda su familia. También creyeron y fueron bautizados muchos de los corintios que oyeron a Pablo" (Hch 18:8).

Tener fe o creer en Jesucristo es mucho más que creer que existió, es confiar en él plenamente. Un niño pequeño confía plenamente que su padre le cogerá cuando salte a sus brazos, y así confiamos nosotros que Jesús murió por nosotros en la cruz. Ya no tememos a la ira de Dios y la condenación por nuestros pecados porque Jesús pagó el precio por nosotros; estamos seguros confiando en su obra. No hay nada con lo que podamos contribuir a su obra redentora; él lo ha hecho todo. Nos ha prometido vida eterna, y porque Jesús se levantó de entre los muertos y ahora gobierna en gloria, sabemos que su promesa es veraz. Así pues, confiamos plenamente en él.

No Es Para Niños

No hay ejemplo alguno de bautismo a niños en la Biblia. En el Antiguo Testamento, la circuncisión fue dada a todos los bebés nacidos en las familias israelitas junto con los esclavos y sus hijos. Los descendientes de Abraham (su semilla) se incluyeron en el pacto. No era necesario mostrar señales de fe o arrepentimiento para ser circuncidado; imposible para un niño nacido hace ocho días.

Pero ahora, solo aquellos que tienen fe están incluidos y reciben la señal del bautismo. Nuestra membresía en la familia de Dios no depende de linaje alguno sino en la fe en el Señor Jesuscristo. Todos los que tienen fe deben bautizarse, tanto hombre como mujer, sean de cualquier pueblo o nación: "Y si ustedes pertenecen a Cristo, son la descendencia de Abraham y herederos según la promesa" (Gal 3:29).

Cada miembro del nuevo pacto tiene fe personal. Aunque tener padres cristianos es un gran privilegio, ello no nos garantiza membresía alguna en el pueblo de Dios:

> "Vienen días», afirma el SEÑOR, «en que haré un nuevo pacto con Israel y con Judá. No será un pacto como el que hice con sus antepasados el día en que los tomé de la mano y los saqué de Egipto, ya que ellos lo quebrantaron a pesar de que yo era su esposo», afirma el SEÑOR. «Este es el pacto que después de aquel tiempo haré con el pueblo de Israel», afirma el SEÑOR. «Pondré mi Ley en su mente y la escribiré en su corazón. Yo seré su Dios y ellos serán mi pueblo. Ya nadie tendrá que enseñar a su prójimo; tampoco dirá nadie a su hermano: "¡Conoce al SEÑOR!", porque todos, desde el más pequeño hasta el más grande, me conocerán», afirma el SEÑOR. «Porque yo perdonaré su iniquidad y nunca más me acordaré de sus pecados» (Jer. 31:31-34).

Antes de bautizarte pregúntate lo siguiente: ¿vivo para servir y adorar al Señor Jesucristo? ¿Ha cambiado Dios mi vida? ¿Confío sólamente en Jesús para el perdón de mis pecados gracias a su obra redentora en la cruz? Si Dios ha comenzado la buena obra en ti, entonces el bautismo es su declaración de que eres miembro del pueblo del nuevo pacto.

¿Qué Significa El Bautismo?

¿Por qué el Señor manda este ritual? ¿Cuál es la importancia del bautismo?

Una Imagen De La Salvación

El bautismo se compara con dos episodios del Antiguo Testamento. El primero es el diluvio narrado por el apóstol Pedro:

> "...cuando Dios esperaba con paciencia mientras se construía el arca. En ella solo pocas personas, ocho en total, se salvaron mediante el agua, la cual simboliza el bautismo que ahora los salva también a ustedes. El bautismo no consiste en la limpieza del cuerpo, sino en el compromiso de tener una buena conciencia delante de Dios. Esta salvación es posible por la resurrección de Jesucristo" (1 Pe 3:20-21).

Las aguas del diluvio fueron juicio a los malvados, pero esas mismas aguas levantaron el arca de la salvación junto con Noé y su familia. Esa es una imagen de los creyentes pasando por las aguas del bautismo. Entrar en las aguas es una imagen del juicio, pero salir de ellas es un testimonio de que el Señor nos ha rescatado y llevado a vida eterna. Pedro mismo dice que somos salvos por la resurrección de Jesús.

La segunda imagen del bautismo es la de los israelitas pasando por el Mar Rojo durante el Éxodo:

"No quiero que desconozcan, hermanos, que nuestros antepasados estuvieron todos bajo la nube y que todos atravesaron el mar. Todos ellos fueron bautizados en la nube y en el mar para unirse a Moisés" (1 Co 10:1-2).

Así como esas aguas anunciaron juicio al destruir al ejército egipcio, esas mismas aguas abrieron camino a la salvación de los israelitas. Así pasamos por las aguas del bautismo, anunciando nuestro rescate del poder del pecado y la muerte.

Como puedes ver, el bautismo por inmersión es la mejor forma de expresar esta idea. De hecho, la misma palabra griega usada como bautismo en el Nuevo Testamento, significa "inmersión" o "mojar".

Al sumergirnos en el agua, nuestro bautismo anuncia el perdón de nuestros pecados, pues nuestra culpa ha sido lavado con la sangre de Cristo: "Y ahora, ¿qué esperas? Levántate, bautízate y lávate de tus pecados, invocando su nombre" (Hch 22:16).

Unión Con Cristo

El bautismo habla de nuestra unión con Cristo. De la misma forma que una pareja casada se hace "una sola carne", en el bautismo declaramos que estamos unidos al Señor Jesucristo nuestro salvador. Nos identificamos con él en su obra redentora en la cruz; murió como nuestro sustituto personal.

Jesús habló de sus sufrimientos como una forma de bautismo (Lc 12:50), refiriéndose a las aguas del Salmo 69 (v., 1-2), y así nos identificamos con la muerte de Jesús en las aguas del bautismo. Cuando el Señor Jesús salió de su tumba nos trajo vida nueva, y pronto volverá para resucitarnos de la muerte física y vivir con él para siempre.

Jesús fue bautizado en agua por Juan el Bautista. No lo hizo por arrepentimiento ya que no tenía nada de que arrepentirse, pero lo hizo para expresar unión con los pecadores que se bautizan. Él se identificó con nosotros, tomando nuestros pecados y llevándolos a la cruz en nuestro lugar, y así en las aguas del bautismo expresamos unión con él.

De nuevo, inmersión en agua es una imagen poderosa de nuestra unión con la muerte y resurrección de Cristo: "¿Acaso no saben ustedes que todos los que fuimos bautizados para unirnos con Cristo Jesús en realidad fuimos bautizados para participar en su muerte? Por tanto, mediante el bautismo fuimos sepultados con él en su muerte. De modo que, así como Cristo resucitó por el glorioso poder del Padre, también nosotros andemos en una vida nueva" (Ro 6:3-4).

Charles Haddon Spurgeon recuerda así su propio bautismo:

> Jamás olvidaré el 3 de mayo de 1850, me quedaban casi tres kilómetros a pie para llegar al lugar donde debía

sumergirme en el nombre del Dios trino según el mandato sagrado. Una ráfaga de viento soplaba por el río mientras esperaba mi turno para entrar en él, pero después de adentrarme unos pasos dentro del agua y ver a la gente que estaba en las barcas y a ambos lados del río, sentí como si el cielo, la tierra y el infierno estuvieran mirándome, pero no me avergoncé en ningún momento de ser seguidor del Cordero. Mi timidez fue quitada para caer en el río y ser arrastrada hasta el mar, donde allí fue devorada por los peces, pues desde entonces no ha vuelto a mí. Mi lengua se liberó al bautizarme; no calla desde entonces. Perdí mil miedos en el río Lark, entonces entendí que 'hay gran recompensa al guardar los mandamientos de Dios'. Fue un día triplemente feliz. Alabado sea Dios que puedo escribir emocionado sobre este viejo día.

(C. H. Spurgeon, Autobiography Vol I: The Early Years, Banner of Truth Trust, 1962, 148-150)

Unión Con El Dios Trino

No solo estamos unidos a Cristo sino que también estamos unidos a las tres personas de la Trinidad. El Señor Jesús nos manda bautizar en el nombre del Padre, del Hijo y del Espíritu Santo (Mt 28:19).

Cuando estamos unidos a Jesús, el Hijo de Dios, somos hijos de Dios en él, y al bautizarnos en su nombre pertenecemos a nuestro Padre celestial.

En el momento de nuestra conversión nos bautizamos también en el Espíritu Santo (1 Co 12:13). Esta es la realidad que comunica el bautismo en agua. El apóstol Pedro ordenó el bautismo de Cornelio y su familia al ver que se convirtieron y recibieron al Espíritu Santo:

> "—¿Acaso puede alguien negar el agua para que sean bautizados estos que han recibido el Espíritu Santo lo mismo que nosotros?
>
> Y mandó que fueran bautizados en el nombre de Jesucristo (Hch 10:47-48).

Nuestro bautismo pues, comunica que estamos en unión con las tres personas de la trinidad. Somos hijos de Dios, salvos por la obra de Cristo y bautizados en el Espíritu Santo.

¿Cuál Es El Testimonio Del Bautismo?

El bautismo declara la maravillosa obra redentora que Dios ha hecho en nuestras vidas. La naturaleza de este mandato nos recuerda que ser cristiano no es nuestra obra sino la de Dios. No nos bautizamos a nosotros mismos sino que otro nos bautiza. Cuando nos bautizamos solemos tener la oportunidad de dar testimonio de nuestra conversión a Cristo sin que nosotros seamos los protagonistas. No nos enorgullecemos de nuestra bondad o habilidad de creer sino la bondad de Cristo con pecadores como nosotros; este es el poderoso mensaje de salvación que declaramos al bautizarnos.

El bautismo nos recuerda los enormes privilegios de la salvación de Dios por nosotros. Nos quitó el pecado; cambió nuestra mentalidad y corazón; nos dio nueva vida ahora y para siempre; y nos ha integrado en su familia. Lee textos de la Biblia que hablan de la salvación mientras te preparas para el bautismo, y alégrate por ello. Ora además para que tu bautismo te sea de bendición, te recuerde del amor y la gracia de Dios en Jesús, y te ayude a servirle a él siempre.

Nuestro bautismo es un poderoso mensaje al mundo porque habla de nuestra conversión y de como Dios ha cambiado nuestras vidas. Es una celebración para nosotros y un desafío para aquellos amigos y familiares que necesitan ser salvos. Tu culto de bautismo puede ser una oportunidad para invitar a tus seres queridos y para pedir a Dios que obre en sus corazones para que como tú, se arrepientan y sean salvos.

No debería sorprenderte si el bautismo causa hostilidad entre tú y tus amigos y familiares ya que es un momento que muestra el cambio radical de vida para vivir por Cristo. Aquellos que se identifican con nuestro Redentor pueden experimentar persecución, y esto es algo que él dijo claramente que pasaría. En algunos países es motivo de pena de muerte.

¿El Bautismo Requiere Membresía?

En el libro de los Hechos podemos ver que los que creían no solamente eran bautizados sino que también formaban parte de una iglesia local. Esto se puede ver en Pentecostés, cuando aquellos que se bautizaron fueron añadidos a la iglesia: "Así, pues, los que recibieron su mensaje fueron bautizados y aquel día se unieron a la iglesia unas tres mil personas...alabando a Dios y disfrutando de la estimación general del pueblo. Y cada día el Señor añadía al grupo los que iban siendo salvos" (Hch 2:41, 47).

Como creyentes, estamos unidos a todos los creyentes del mundo. El Señor desea la unión y el amor entre su pueblo (Jn 17:20-23). Cuando recibimos el Espíritu Santo nos unimos al cuerpo de Cristo: "Todos fuimos bautizados por un solo Espíritu para constituir un solo cuerpo —ya seamos judíos o no, esclavos o libres—, y a todos se nos dio a beber de un mismo Espíritu" (1 Co 12:13). Cuando lees este texto en su contexto puedes ver que Pablo no solamente habla de una unión mística con la iglesia sino también de una unión práctica.

En otro lugar podemos leer a Pablo hablando del bautismo en agua como señal de unión con el pueblo de Dios, y esto es dentro del contexto de iglesia local: "Esfuércense por mantener la unidad del Espíritu mediante el vínculo de la paz. Hay un solo cuerpo y un solo Espíritu, así como también fueron llamados a una sola esperanza; un solo Señor, una sola fe, un solo bautismo; un solo Dios y Padre de todos, que está sobre todos y por medio de todos y en todos" (Ef 4:3-6).

Entonces, la conversion esta conectada al bautismo, y ambos estan conectados a nuestro compromiso y nuestra membresía en un cuerpo local del pueblo de Dios. Si te bautizas, es normal que seas incluído como miembro de esa iglesia local; los dos van juntos. Cuando tu bautismo testifica de la salvación de Dios en tu vida, la iglesia te da la bienvenida como parte de ella. Y es precisamente con la membresía a la iglesia local que vamos a la segunda parte de este folleto.

MEMBRESÍA EN LA IGLESIA

¿Qué Es La Iglesia?

El Nuevo Testamento habla de la iglesia en dos formas: la iglesia universal y la iglesia local.

La Iglesia Universal

La iglesia universal se refiere a todos los creyentes de todo el mundo. El Señor Jesucristo habla del triunfo de la iglesia en este sentido: "Yo te digo que tú eres Pedro. Sobre esta piedra edificaré mi iglesia y las puertas de los dominios de la muerte no prevalecerán contra ella" (Mt 16:18).

Si estás unido a Cristo entonces eres miembro de la familia de Dios y todos ellos son tus hermanos y hermanas. Nos beneficiamos de esta hermandad de muchas maneras diferentes: en conferencias, grupos cristianos, y campañas misioneras o evangelísticas. Es maravilloso saber que podemos mudarnos de ciudad o de país y sentirnos que estamos en familia con otros cristianos. Llegará el día cuando estaremos unidos con todos los creyentes de toda época y lugar adorando a Dios delante de su trono:

> "Después de esto miré y apareció una multitud tomada de todas las naciones, tribus, pueblos y lenguas; era tan grande que nadie podía contarla. Estaban de pie delante del trono y del Cordero, vestidos de ropas blancas y con ramas de palma en la mano. Proclamaban a gran voz: «¡La salvación viene de nuestro Dios que está sentado en el trono y del Cordero!»" (Ap 7:9-10).

La Iglesia Local

Pero la biblia no solo habla de la iglesia universal sino también de la iglesia local. Hay varias iglesias locales mencionadas en el libro de los Hechos, y algunas de las cartas del Nuevo Testamento fueron dirigidas a ellas. La iglesia universal y la local no están conflicto entre ellas sino que la iglesia local es parte de la universal. La Biblia dice que aquellos que se convirtieron a Cristo se unieron a iglesias locales. En otras palabras, expresaron de forma práctica la unión y el amor que compartían con otros miembros del cuerpo de Cristo.

La hermandad de los creyentes

En ocasiones usamos la palabra "iglesia" para referirnos a un edificio concreto, pero la biblia llama así a la gente que la forma. El Señor edifica su iglesia, no con cemento y ladrillos sino con las piedras vivientes; su pueblo: "Cristo es la piedra viva, desechada por los seres humanos, pero escogida y preciosa ante Dios. Al acercarse a él, también ustedes son como piedras vivas, con las cuales se está edificando una casa espiritual. De este modo llegan a ser un sacerdocio santo, para ofrecer sacrificios espirituales que Dios acepta por medio de Jesucristo" (1 Pe 2:4-5).

Nótese que estamos edificados en la estructura de la iglesia solo cuando nos convertimos a Cristo, pues según la Biblia, la iglesias están hechas de creyentes. Podemos ver claramente que en Pentecostés, aquellos que se convertían y se bautizaban eran añadidos a la iglesia (Hch 2:41).

Los no cristianos de Jerusalén miraban con interés el desarrollo de la iglesia y tenían un alto concepto de los cristianos. El poder sobrenatural de Dios, tanto en milagros como en el juicio a Ananías y Safira era tal, que los incrédulos no se atrevían a juntarse con ellos sino más bien solo los creyentes eran añadidos a la iglesia: "Nadie entre el pueblo se atrevía a juntarse con ellos, aunque los elogiaban. Y seguía aumentando el número de los que creían en el Señor" (Hch 5:13-14).

En las cartas de Pablo podemos ver que el apóstol se dirige a las iglesias como a creyentes cristianos, es decir, aquellos que son 'amados de Dios y son llamados santos' (Ro 1:7; 1 Co 1:2; y muchos más).

La iglesia solo recibe como miembros a aquellos que creen. Cuando te conviertes y pides ser bautizado para ser miembro, los ancianos te preguntarán por tu experiencia para comprobar un poco de la realidad de lo que Dios ha hecho en tu vida. Puede que incluso te pregunten si tienes convicción de pecado y necesitas ser perdonado. Te preguntarán si tienes cierta seguridad de que Dios te ha salvado por la obra de su Hijo Jesucristo. ¿Amas la Biblia como la palabra de Dios y deseas obedecerla? ¿Crees en los fundamentos del evangelio como quién es Jesús y cuál es su obra? ¿En qué aspectos ha cambiado tu vida? ¿Deseas compartir el evangelio con tus seres queridos?

Aunque ninguno de nosotros somos perfectos, lo que la iglesia quiere ver es una profesión de fe verdadera, es decir, que tu corazón ha sido verdaderamente cambiado por lo que el Espíritu ha comenzado a hacer en tu vida, y crees en el evangelio. Si eso es así, entonces deberías bautizarte y ser miembro de la iglesia. Todos los creyentes forman la hermandad de la iglesia, por lo tanto, no te desanimes si los ancianos tienen ciertas dudas. Quizás quieran ayudarte a entender mejor el evangelio y ver la diferencia que este hace en tu vida.

Tan pronto como haya evidencia de la obra salvífica de Dios en tu vida, ellos pedirán tu inclusión a toda la iglesia.

Nada de esto quiere decir que las iglesias locales son comunidades perfectas, hay algunos miembros que parecen haberse convertido y su profesión de fe parece incluso auténtica, pero se engañan a sí mismos y a otros. Jesús nos habla en la parábola del sembrador que algunas plantas brotarán rápido del suelo, como si estuvieran llenas de vigor, pero los problemas y las ansiedades de la vida las ahogan con el paso del tiempo. Tristemente, algunos profesan ser creyentes para abandonar la fe más tarde. Es más, algunos verdaderos creyentes acaban viviendo en pecado.

La culpa es eliminada para siempre en el momento de nuestra conversión, y con ello la esclavitud al pecado, pero eso no significa que no pecamos más. Por desgracia, podemos fallar a Dios y a las personas hasta el punto en que en ocasiones se puede amenazar a la unidad de la iglesia. No obstante, confiamos en que el Señor nos transforme más y más a su imagen y así vivir juntos en armonía.

Hoy en día no es extraño ver falta de hermandad en muchas iglesias. Muchos creen que la iglesia es un grupo de gente que se junta en un edificio un domingo u otro día cualquiera, o bien es un lugar donde se predica el evangelio, pero esto no es bíblico. Solo cuando la iglesia está hecha de discípulos de Cristo es cuando puede gozar de la hermandad que emana un poderoso testimonio de la obra salvífica de Dios en nuestras vidas. La iglesia primitiva de Jerusalén gozaban de una vida vibrante de oración, enseñanza, amor y hermandad. Con una hermandad así es cuando uno se anima a crecer y madurar nuestra salvación. Y no solo eso sino que el amor entre los creyentes se convierte en un poderoso testimonio a los incrédulos (Jn 13:35). Deberíamos orar para que nuestras iglesias sean así y den una prueba sobrenatural de la gracia de Dios en nuestras vidas y así remueva las conciencias de aquellos que nos observan.

¿Qué Es La Membresía En La Iglesia?

El libro de los Hechos muestra claramente que cuando la gente se convertía se unía a la iglesia, mostrando su compromiso en forma de membresía oficial:

1. En Hechos 2:41, 47 podemos leer que los creyentes bautizados 'se unieron a la iglesia', lo cual implica que se sabía quien era miembro y quien no. El apóstol Pablo intentó unirse a una iglesia tras su conversión; la palabra del original griego que se refiere a "unirse" en Hechos 9:26 significa "pegarse", la cual es la misma que se usa para el matrimonio (Mt 19:5; 1 Co 6:16).

2. El Nuevo Testamento indica que el gobierno de la iglesia se constituye de ancianos responsables del liderazgo espiritual, y diáconos para servir a la iglesia. Los ancianos son responsables ante el Señor con respecto a su rol (Heb 13:17; 1 Pe 5:2-4). Todo esto implica que la iglesia se forma de un número determinado de personas que aceptan dicho liderazgo.

3. El argumento más sólido para la membresía en la iglesia es la idea de disciplina en esta. Pese a que hemos visto que las iglesias son comunidades de creyentes, esto no quiere decir que no pequemos, y estamos llamados a arrepentirnos cuando esto ocurre. Debemos disculparnos con aquellos a los que ofendemos. Sin embargo, ¿qué ocurre si nos negamos a arrepentirnos? En casos así y cuando estamos determinados a no arrepentirnos, Jesús ordena que seamos excluidos de la iglesia (Mt 18:17).

   ¿Qué significa ser excluido de la iglesia? No puede ser una simple expulsión del edificio, los incrédulos eran bienvenidos a visitar las iglesias cuando había culto de adoración (1 Co 14: 23-25). Más bien significa que la iglesia no puede considerarte un cristiano ya que esto desacredita la profesión de fe y por lo tanto ya no se puede tener el privilegio de ser considerado creyente en la iglesia. El apóstol Pablo habla de este tipo de exclusión en caso de inmoralidad sexual grave. De hecho dice que alguien así debe ser 'entregado a Satanás para destrucción de su carne' (1 Co 5:5); es decir, considerar que tal persona pertenece al reino de Satanás en esta vida. No obstante, esto no se hace en detrimento del pecador sino para que se arrepienta, 'a fin de que su espíritu sea salvo en el día del Señor' (1 Co 5:5). En conclusión podemos decir que el pecador que se arrepiente puede ser bienvenido de nuevo a la iglesia.

Este hecho prueba que debe existir membresía para saber quienes son incluídos y quienes son excluídos.

Como cristianos somos parte de la iglesia universal, y esto a su vez significa que formamos parte de una iglesia local en la que practicamos el compromiso con esta en forma de membresía. Pero una vez somos miembros, ¿qué implica esta realidad? Vamos a responder a esta pregunta.

¿Qué Implica La Membresía A La Iglesia?

La práctica de la primera iglesia en Jerusalén está descrita en Hechos 2:41-47. Hay tres características que la destacan: adoración, enseñanza y hermandad.

Adoración

Adoración es lo más grande que la iglesia hace. Ahora que estamos cerca de Dios gracias a los méritos del Señor Jesucristo, nos gozamos en su presencia en el Espíritu Santo. Se nos dice que la iglesia de Jerusalén 'adoraba a Dios' (Hch 2:47). Algunas de las actividades propias de la iglesia cesarán al fin de los tiempos, pero la adoración es para la eternidad. Es nuestro máximo privilegio el ser absorvidos por la gloria de Dios con todos sus actos poderosos y adorar para siempre.

Estamos especialmente llamados a adorar todos juntos a Dios como si fuéramos uno. Ahora que hemos sido unidos como piedras del nuevo templo, estamos llamados a 'proclamar las obras maravillosas de aquel que los llamó de las tinieblas a su luz admirable' (1 Pe 2:9). Y esto es simplemente una muestra de lo que haremos en el cielo frente al trono de Dios. Ahora, por la fe, 'se nos han acercado a millares y millares de ángeles, a una asamblea gozosa' (Heb 12:22). Por lo tanto, se puede decir en cierta manera que el Día del Señor es un día de adoración, hermandad, y un día en el que servimos todos juntos al Señor. Es por ello que debemos dar prioridad a los cultos del domingo y preparar nuestros corazones para entregarnos juntos en adoración.

La vida de la iglesia fluye de la realidad de que estamos en la presencia de Dios y él vive en medio de su pueblo. Esto nos lleva a la responsabilidad de orar. Hechos 2:42 dice que la iglesia estaba firme en la oración. ¿Dónde estaríamos sin el Señor? ¿Cuál es nuestro crecimiento sin sus bendiciones? Una prueba de nuestra madurez es nuestro compromiso con las reuniones de oración. Aunque pueda resultar menos atractiva que otras actividades de la iglesia, es aquí donde más nos acercamos a Dios e invocamos sus bendiciones para la iglesia. Es aquí donde compartimos nuestras cargas y las entregamos a Dios.

Enseñanza

"Se mantenían firmes en la enseñanza de los apóstoles" (Hch 2:42). La iglesia unida quería crecer en la fe y el conocimiento del Señor Jesucristo. De los apóstoles recibieron la Palabra, la cual iba acompañada de milagros. Aunque ya no tenemos a los apóstoles entre nosotros, nos queda su enseñanza transmitida en el Nuevo Testamento; por lo tanto, escuchamos, leemos y estudiamos la Palabra de Dios todos juntos. Sabemos que fue a través de la Palabra que primero recibimos vida espiritual. Y es por la Palabra que somos edificados y fortalecidos en la fe. Sobre este pilar se funda la iglesia (Ef 2:20).

La vida de iglesia debería estar caracterizada en el enfoque en las Escrituras. Algunos dones de predicación y enseñanza son dados a la iglesia. Es en nuestros cultos de adoración y en otras ocasiones que podemos escuchar la voz de Dios hablándonos a través de su Palabra. Queremos conocerle mejor y así someter nuestras vidas a su voluntad; esto es parte de nuestra adoración. También puede haber otras oportunidades como los estudios bíblicos, grupos de lectura bíblica y de ánimo personal.

La enseñanza no se limita a los predicadores, todos podemos animarnos y exhortarnos con la Palabra de Dios: "Que habite en ustedes la Palabra de Cristo con toda su riqueza: instrúyanse y aconséjense unos a otros con toda sabiduría; canten salmos, himnos y canciones espirituales a Dios, con gratitud de corazón" (Col 3:16).

Si vemos a un hermano o hermana tropezando o cerca de pecar, seguro querremos exhortar a esa persona para que se arrepienta y vuelva a Dios. Si vemos a alguien con problemas o dudas, querremos dar consejo y ayudarle con la guía de las Escrituras.

Crecemos juntos en la verdad en la medida que maduramos en Cristo: "Más bien, al vivir la verdad con amor, creceremos hasta ser en todo como aquel que es la cabeza, es decir, Cristo. Por su acción todo el cuerpo crece y se edifica en amor, sostenido y ajustado por todos los ligamentos, según la actividad propia de cada miembro" (Ef 4:15-16).

Véase que hacemos esto juntos y no individualmente. Por lo tanto debemos estar comprometidos con nuestra iglesia local.

Hermandad

La hermandad cristiana es mucho más que camaradería o llevarse bien; es comprometerse los unos con los otros.

El compromiso de amar

La hermandad cristiana significa comprometerse los unos con los otros de la forma más profunda posible porque estamos unidos en el amor de Jesús. Somos miembros de una misma familia, estamos comprometidos los unos con los otros y también a glorificar al Señor. Así pues, nuestra alegría como hermandad cristiana va más allá de lo social. Realmente nos preocuparemos los unos por los otros en cada una de las áreas de la vida, pasaremos tiempo juntos e incluso comeremos juntos.

Así como en la iglesia en Jerusalén los cristianos partían el pan en sus casas, nosotros somos hospitalarios siempre que podemos (Ro 12:13), aunque nuestro mayor deseo es ser de ánimo espiritual a otros. Deseamos orar juntos y hablar de nuestro avance en Cristo. Aprovechamos cada oportunidad para motivar a otros a compartir el evangelio con amigos y compañeros de trabajo. Podemos hablar de como ser de bendición a otros y a la iglesia.

Es fácil amar a aquellos con quienes tenemos afinidad pero el desafío como iglesia es amar a todos los santos. Es interesante examinar los mandamientos del Nuevo Testamento para la vida cristiana. Algunos de ellos tratan de la forma en la que interactuamos con otros miembros de la iglesia. Es precisamente en esta hermandad que crecemos en amor, paciencia y gracia. Es en esta hermandad que podemos dar y recibir ese amor que Dios nos ha dado y no merecemos.

Especialmente, tenemos la responsabilidad de animar a los ancianos de la iglesia que han sido llamados al liderazgo. Debemos orar por ellos y cooperar con el trabajo que desempeñan (Heb 13:17).

Pertenecer a la hermandad también implica cuestiones prácticas de cuidado. Hechos 2:44-45 nos dice que los creyentes repartían sus bienes materiales para que nadie pasara necesidad. Hasta donde sabemos, este paso radical de repartir los bienes de uno no aparace más en el Nuevo Testamento. Puede que se debiera a las circunstancias especiales en las que la iglesia, a través de sus profetas, entendió que sería perseguida, esparcida, y Jerusalén sería destruída. Aunque nuestro caso sea diferente y no lleguemos a ese nivel de compromiso, debemos al menos admirar la espontaneidad y compromiso que este amor evocaba.

En otro lugar, el amor está definido como proveer para las necesidades de otros (1 Jn 3:17-18). La evidencia de la sinceridad de nuestra fe se basa en cómo respondemos a las necesidades de los huérfanos y las viudas (Stg 1:27). El primer lugar para buscar a gente que esté pasando necesidad es la iglesia: "Por lo tanto, siempre que tengamos la oportunidad, hagamos bien a todos y en especial a los de la familia de la fe" (Gal 6:10).

Entonces podremos mirar a aquellos necesitados en otras iglesias de nuestro país y más allá de nuestras fronteras. El apóstol Pablo hizo un gran esfuerzo al recoger la colecta que los creyentes de iglesias formadas por gentiles donaron para los creyentes de la iglesia en Jerusalén que estaban pasando hambre (2 Co 8:1-9, 15).

Compromiso a dar

Parte de esta responsabilidad tan práctica por parte de la iglesia es el compromiso a aportar a la obra de la iglesia local. El apóstol Pablo nos recuerda que aquellos que se dedican a tiempo completo al ministerio de la predicación y la enseñanza lo deben de hacer con el apoyo económico del pueblo de Dios (1 Co 9:13-14; 1 Tim 5:17-18). La iglesia necesita fondos para obras benéficas y apoyo a la obra misionera. Hay además otros gastos como el alquiler de un local, la producción de literatura, actividades con los niños, y otros gastos más. El Nuevo Testamento recuerda el diezmo del Antiguo Testamento; es decir, dar la décima parte de nuestros ingresos para la obra de Dios (1 Co 16:2). No obstante, esto no es ni un impuesto rígido ni un límite a nuestras donaciones. En nuestro caso, lo que damos lo hacemos sin presión, generosamente y por amor a Dios y a su pueblo (2 Co 9:7).

Compromiso a servir

La iglesia de Jerusalén crecía constantemente porque el Señor añadía diariamente a ella todos aquellos que iban siendo salvos. Esos fueron tiempos de bendición excepcional. El carácter vibrante de la iglesia, la evidencia espiritual de sus miembros, y las ganas de compartir el evangelio con los demás hizo que diera buen fruto.

Es por ello que es nuestro deseo ver a la iglesia crecer tanto a lo ancho como en lo profundo. Estamos pues llamados a servir en la iglesia en la manera que el Señor lo disponga. Puede que el Señor nos haya dado dones especiales para la administración, dar ánimo, enseñar o el evangelismo. La vida de una iglesia se compara a un cuerpo en el cual cada miembro es vital. No todos poseemos los mismos dones o recursos; más bien, como si de una orquesta se tratara, cada uno aporta a la sinfonía que suena. Si el cuerpo de la iglesia funciona correctamente debería ser proactivo en cuanto al evangelismo y las buenas obras. Deberíamos estar dispuestos a apoyar las actividades de la comunidad.

Compromiso con la santa cena

De la misma forma que es vital en una familia el comer juntos, también lo es para la vida de la iglesia el sentarse a la Mesa del Señor. Esta es la comida fraternal de la iglesia, y esto no es para satisfacer nuestra hambre física sino la de nuestras almas. La Mesa del Señor comunica poderosamente el mensaje de la muerte de Jesucristo. La cruz debe de estar en el centro de nuestros pensamientos. En la Santa Cena disfrutamos de forma excepcional la presencia de nuestro crucificado y resucitado Señor. Es la culminación del sacrificio como ofrenda de paz del Antiguo Testamento. Moisés y los ancianos de Israel subieron al monte Sinaí para comer y beber en la presencia misma de Dios (Ex 24:9-11).

Además, la Santa Cena es un momento de fraternidad entre creyentes. El apóstol Pablo dice que no podemos beber y comer de forma limpia si no hay amor y unidad entre nosotros (1 Co 11:18-22). Es más, dice que cuando nos juntamos debemos ser conscientes del cuerpo del Señor (1 Co 11:29). Esto tiene doble significado. Por una parte reconocemos que participamos de un festín; es una muestra del cuerpo de nuestro Señor quebrantado por nosotros. Por otra parte, esta sección en 1 Corintios 10:16-17, hace referencia a la iglesia como el cuerpo. Debemos pues dar reconocimiento a los miembros de la iglesia. Si tenemos algo contra un hermano o una hermana, debemos resolverlo (Mt 5:23-24), entonces la Santa Cena será un 'festín de amor' (Jd 12).

¿A Cuál Iglesia Debería Unirme?

Quizás hay más de una iglesia local a la que puedas unirte. Recordemos que la iglesia está formada por pecadores salvos, no existe para nada la iglesia perfecta. Siempre habrá algo en la iglesia que estemos que no nos guste o algún punto en el que no nos parece que se siga exactamente lo que uno cree que la Biblia dice, y por ello no queremos ser excesivamente críticos. No obstante, hay ciertas marcas que definen cuando una iglesia está en el buen camino:

1. ¿Es un cuerpo de verdaderos creyentes? Eso es la esencia de la iglesia. No es sólamente una reunión de gente que se junta para escuchar un sermón ni tampoco un grupo social sino que es el pueblo viviente de Dios que ama al Señor y a su pueblo. ¿Este es un lugar con fervor espiritual? ¿Este es un lugar que desea evangelizar? ¿Se practican las buenas obras y la

santidad? ¿La adoración es verdadera? ¿Este es un lugar donde me motivarán a crecer en la fe?

2. Una parte de ser miembro de una comunidad de creyentes es la disciplina en la iglesia. La disciplina es necesaria para mantener el pecado lo más lejos posible y poder traer de nuevo al Señor a aquellos que tropiezan, no para poder expulsar a gente o juzgar. Sería trágico permitir la membresía a aquellos que viven en pecado. Puede que se engañen a sí mismos pensando que están de camino al cielo cuando en realidad están bien lejos de Dios; quién sabe si realmente son creyentes o no.

3. ¿Se predica la Palabra de Dios? ¿Los creyentes crecen en el amor y conocimiento de Cristo? ¿El evangelio está en el centro de todo lo que se hace? Tristemente algunas iglesias tienen el evangelio bien lejos de sus vidas. Puede que incluso hayan estrechado lazos con grupos que niegan el evangelio. Seguro que pronto la falta de compromiso y la falsa enseñanza aparecerán. Necesitamos la leche pura de la Palabra si queremos crecer en la fe. Necesitamos aquella predicación bíblica que desafía y enseña a nuestras mentes, ablanda nuestro corazón y desafía nuestras vidas.

4. ¿Hay liderazgo espiritual en esa iglesia? La Palabra nos manda a obedecer a nuestros líderes; nos metemos en arenas movedizas si desconfiamos de ellos. Puede que los líderes sean famosos y tengan talento, pero, ¿son realmente hombres de Dios? La Biblia dice que lo más importante es la santidad y el carácter de aquellos que quieren ser líderes. ¿Los líderes son amables y llenos de gracia o se enseñorean del rebaño (1 Pe 5:2-3)?

Puede que hayas encontrado una iglesia local que se ha convertido en tu hogar espiritual, pero si no es así, no aceptes cualquier lugar por cercano que esté sino considera aquellos lugares donde hay vida espiritual y fidelidad a la Palabra de Dios. Ora además para que ese lugar sea de bendición para ti y para la congregación.

Para Lectura Complementaria

Fred A. Malone, *A string of pearls unstrung: a theological journey into believers' baptism*, Founders Press, 1998 (ISBN 0-965495-52-3).
Es una breve introducción a por qué el bautismo es para creyentes y no niños.

Mez McConnell, *Preparing for baptism: a personal diary*, 10Publishing, 2018 (ISBN 978-1-912373-16-1).

Brian Russell, *Baptism: sign and seal of the covenant of grace*, Grace Publications, 2021 (ISBN 978-1-912154-25-8).

Acerca de *Reformation Today Trust*

Reformation Today Trust es una organización benéfica cristiana con base en el Reino Unido que promueve la fe bíblica descrita en la Confesión de Fe de 1689, además de apoyar a iglesias en todo el mundo a través de las siguientes vías:

- Reformation Today Magazine: revista de publicación trimestral que se distribuye en el Reino Unido y fuera de este.

- Carey Ministers' Conference: conferencia anual para pastores, líderes de iglesia, mujeres dedicadas a la misión y cónyugues.

- African Pastors' Conferences: la organización apoya de forma activa la labor de dicha conferencia.

**REFORMATION
TODAY
rt**

Para más información, visita:
www.reformation-today.org

Acerca de *Reformation Today* Magazine

Reformation Today es una revista completamente a color que se publica trimestralmente y contiene cuarenta y cuatro páginas. Su contenido promueve las enseñanzas de la biblia para la vida de la iglesia con el fin de traer la Reforma y un avivamiento espiritual.

- El objetivo de Reformation Today es el de animar tanto a iglesias como a individuos del mundo angloparlante para que vivan por la fe tal y como está explicada en la Confesión de Fe de 1689.

- La revista conecta con aquellos que buscan la Reforma en nuestras iglesias y aprecian la herencia puritana.

- Esta revista publica artículos de contenido teológico e histórico por parte de escritores contemporáneos.

- También da a conocer noticias sobre iglesias, particularmente en lo que concierne tanto temas de bendición como sufrimientos.

- La revista también tiene el objetivo de evaluar temas de actualidad bajo un prisma bíblico.

Suscríbete en
https://reformation-today.org/rt-magazine/

También por Grace Publications

Nuestra gama de libros sobre la iglesia local incluye:

- *Pure Church* eds. David Skull, Andrew King & Jim Sayers

- *Children of Abraham* por David Kingdon

Nuestra gama de libros sobre la vida cristiana incluye:

- *When Sorrows Like Sea Billows Roll* por Brad Franklin

Nuestra gama de libros para ayudar a compartir el evangelio incluye:

- *God for Sceptics* por John Benton

También tenemos libros en inglés sobre la historia de la iglesia y para ayudar en el estudio de la Biblia.

Grace
Publications

Para más información, visita:
www.gracepublications.co.uk

www.ingramcontent.com/pod-product-compliance
Lightning Source LLC
Chambersburg PA
CBHW071127120325
23386CB00030B/405